Ser

LAS SEÑALES FINALES

THOMAS ICE Y
TIMOTHY DEMY

EDITORIAL PORTAVOZ

Título del original: *The Signs of the Times,* © 1997 por Pre-
Trib Research Center y publicado por Harvest House
Publishers, Eugene, Oregon 97402.

Edición en castellano: *Las señales finales* por Thomas Ice y
Timothy Demy, © 1999 por Editorial Portavoz, filial de
Kregel Publications, Grand Rapids, Michigan 49501. Todos
los derechos reservados.

Traducción: John Bernal
Diseño de la portada: Alan G. Hartman
Compaginación: Nicholas G. Richardson

EDITORIAL PORTAVOZ
Kregel Publications
P. O. Box 2607
Grand Rapids, Michigan 49501 EE. UU.

Visítenos en: www.portavoz.com

ISBN 0-8254-1348-6

1 2 3 4 5 edición/año 03 02 01 00 99

Printed in the United States of America

Contenido

Introducción

CUARTA PARTE

¿Cuáles son algunos de los pasajes bíblicos comúnmente mal entendidos tocantes a las señales de los últimos tiempos?

Acerca de esta serie ...

La serie «Profecía» está pensada para dar a los lectores un breve sumario de temas y cuestiones individuales de la profecía bíblica. Para referencia rápida y facilidad de estudio, estas obras se redactan en un formato de pregunta y respuesta. Las preguntas siguen una progresión lógica, de modo que el lector que las lea seguidas conseguirá un mejor aprecio por el tema y las cuestiones involucradas. Cada título está totalmente documentado con notas al final del libro.

La perspectiva teológica que se presenta en toda la serie es la premilenarista y pretribulacional. Los autores reconocen que ésta no es la única posición aceptada por los cristianos evangélicos, pero creemos que es la perspectiva de mayor aceptación y más destacada. Es también nuestra convicción que el premilenarismo, y de manera específica el pretribulacionismo, es la explicación más acorde con el plan profético de Dios revelado en la Biblia.

El estudio de la profecía y de sus intrincados componentes es una empresa detallada y compleja, pero no es de imposible comprensión o resolución. Es susceptible de error, malas interpretaciones y confusión. Pero esas posibilidades no deberían inducir a ningún cristiano a apartarse del estudio de la profecía ni a alejarse de una sincera y útil discusión acerca de la misma. El propósito de esta serie es proporcionar una herramienta concisa y coherente a todos los que deseen una mejor comprensión de las Escrituras. Si el lector profundiza, tendrá grandes compensaciones, y obtendrá satisfacción al ir creciendo en el conocimiento y en el amor de nuestro Señor Jesucristo y de su Palabra.

Libros de la serie «Profecía» por
Thomas Ice y Timothy J. Demy

INTRODUCCIÓN

¿Existe alguna relación entre los sucesos acerca de los cuales estamos leyendo y escuchando, en las noticias que vemos a diario, y las profecías bíblicas? ¡Pues más le vale creer que sí hay tal relación! Así como cuando vamos viajando vemos señales al lado de la autopista que advierten sobre las cosas que podemos esperar más adelante en la carretera, también la Biblia habla sobre señales de los tiempos que apuntan hacia eventos del futuro.

A medida que procuramos integrar la Palabra de Dios en cada área de la vida, tenemos la necesidad de incluir la relación que existe entre la profecía bíblica y los acontecimientos mundiales. El plan profético de Dios para la humanidad está en marcha y se está cumpliendo conforme a lo programado. La historia y los eventos actuales se están moviendo hacia un final perentorio con el cual se cumplirá plenamente el programa de Dios. Con el retorno de una parte significativa de la población judía del mundo a la Tierra Prometida y la subsecuente instauración de Israel como una nación en 1948, el plan de Dios se acerca cada vez más a su plena realización. En contadas ocasiones pasa un día sin que los medios de comunicación presenten noticias acerca de ese diminuto país en el oriente medio, Israel. Ese énfasis se está dando tal y como la Palabra de Dios había indicado que sería. Israel es la señal más grande de Dios para los tiempos finales, y esto también hace significativos otros desarrollos y acontecimientos a nivel mundial.

La guerra del golfo con que se dio inicio a la década de los noventa, hizo que muchos norteamericanos se preguntaran acerca de cómo se relacionan los acontecimientos actuales con la profecía bíblica. El doctor John Walvoord señalaba que «estos eventos no fueron precisamente el cumplimiento de lo que la Biblia predice para el futuro. Más bien podría tratarse de la preparación de un escenario para el drama final que conduce a la segunda venida».[1] Aunque no sean un cumplimiento específico de la profecía, esto no implica que los acontecimientos actuales no sean significativos en relación con el plan fijado por Dios para la historia humana. «Aunque los sucesos despertaron algunas conclusiones prematuras en cuanto a que el mundo se encuentre ya en su hora final, tuvieron un efecto benéfico sobre el estudio de la profecía», sostiene el doctor Walvoord. «Muchas personas estudiaron las Escrituras, algunas acaso por primera vez, para enterarse de qué es lo que la Biblia dice acerca del fin de los tiempos».[2]

El próximo evento en la agenda profética es el arrebatamiento de la iglesia, el cual dará paso a la llegada de la tribulación o cuenta regresiva de siete años para el retorno de Jesucristo al planeta tierra. Las señales finales se están dando frente a nosotros, ¿puede usted verlas y reconocerlas? ¿Está equipado para interpretarlas en términos del modelo profético de Dios para la historia? A medida que vemos la intervención directa de Dios en la historia tenemos la certeza de que nuestra época es un tiempo tremendo y oportuno para estar con vida. ¡Maranata!

PRIMERA PARTE

¿Provee la Biblia señales de los últimos tiempos?

1. ¿Cómo se emplean expresiones como «últimos tiempos» en la Biblia?

Hay una serie de diversas expresiones bíblicas que parecen hacer referencia a los últimos días. Examinaremos cada frase para determinar su significado y aplicación.

Algunas veces los cristianos leen en la Biblia acerca de los «últimos días», el «fin de la era», y tienden a pensar que todas estas frases hacen siempre referencia a lo mismo. Este no es el caso, así como en nuestras propias vidas existen muchos finales: tenemos el final de un día de trabajo, el fin del día de acuerdo al reloj, el fin de la semana, el fin del mes y el fin del año. Solamente porque se utiliza la palabra «fin» no quiere decir que siempre se haga referencia al mismo tiempo. La palabra «fin» se restringe y define con precisión cuando se modifica con los enunciados «día», «semana», «año», etc. De manera que en la Biblia «tiempos finales» puede hacer referencia al fin de la actual era eclesiástica o es una expresión que puede aplicarse a otros tiempos.

La Biblia enseña que esta era presente va a culminar con el arrebatamiento, seguido por la tribulación, la cual terminará con la segunda venida del Mesías a la tierra. De manera que debemos distinguir entre los «últimos días» de la era eclesiástica y los «últimos días» de la tribulación de Israel.

Observemos la siguiente tabla donde se clasifican y se distinguen los pasajes que se refieren al fin de la era eclesiástica y a los «últimos días» para Israel:

USO DE «ÚLTIMOS DÍAS» EN LA BIBLIA	
Israel	**Iglesia**
«postreros días» —Dt. 4:30; 31:29; Jer. 30:24; 48:47; Dn. 2:28; 10:14	*«postreros tiempos»* —1 Ti. 4:1
«últimos días» —Is. 2:2; Jer. 23:20; 49:39; Mi. 4:1; Hch. 2:17	*«postreros días»* —2 Ti. 3:1; He. 1:2; Stg. 5:3; 2 P. 3:3
«el día postrero» —Jn. 6:39, 40, 44, 54; 11:24; 12:48	*«el postrer tiempo»* —1 P. 1:20; Jud. 18
«muchos días... al cabo de años» —Ez. 38:8	*«tiempo postrero», «último tiempo»* —1 P. 1:5; 1 Jn. 2:18

La Biblia habla claramente de unos últimos días o de un fin del tiempo, pero no siempre hace referencia al mismo periodo de tiempo. El referente contextual le permite conocer al lector si la Biblia está hablando de los últimos días en relación con Israel o de los tiempos finales con referencia a la iglesia.

2. ¿Existen señales del fin de la actual era eclesiástica?

Sería muy osado decir que existen señales del fin de la era eclesiástica. En lugar de eso, la Biblia nos indica cómo va a ser la condición de la iglesia y la atmósfera general de la época, para después advertir en cuanto a algunas tendencias generales que estarán presentes hacia la parte final de la era eclesiástica. Los elementos específicos se identificarán y discutirán en la segunda parte.

3. ¿Existen señales relacionadas con el arrebatamiento?

El arrebatamiento es un suceso sin señales que lo precedan, de tal modo que no existen y nunca tendrán desarrollo señales que indiquen la proximidad del arrebatamiento. Esto es así porque el arrebatamiento es inminente y esto significa que podría ocurrir en cualquier momento.[3] Es imposible que un acontecimiento inminente presente señales. Si hay señales relacionadas con un evento, éstas podrían indicar que estaba cerca o no y por ende no podría ocurrir sino hasta después que las señales se presentaran. Así pues, las señales tendrían que preceder el evento, lo que significaría que el evento no podría suceder en cualquier momento sino hasta que hayan aparecido las señales. Puesto que en el Nuevo Testamento se dice del arrebatamiento que es un evento que podría ocurrir en cualquier momento (1 Co. 1:7; 16:22; Fil. 3:20; 4:5; 1 Ts. 1:10; Tit. 2:13; He. 9:28; Stg. 5:7-9; 1 P. 1:13; Jud. 21; Ap. 3:11; 22:7,12,17,20), entonces no puede estar relacionado con ninguna señal en absoluto. Sin embargo, como mostraremos más adelante, esto no significa que no existan señales del tiempo que sí se relacionan con otros aspectos del plan de Dios.

4. ¿Existen señales relacionadas con el plan de Dios para Israel en los últimos tiempos?

Sí, existen muchas señales que se relacionan con el programa de Dios para Israel en los últimos tiempos. Sin embargo, debemos tener cuidado con la forma como las vemos en relación a nosotros durante la era eclesiástica en la actualidad. Puesto que los creyentes viven hoy durante la era eclesiástica, la cual terminará con el arrebatamiento de la iglesia, las señales proféticas que se aplican a Israel no se están cumpliendo en nuestros días. En lugar de eso, lo que Dios está haciendo proféticamente en nuestro tiempo es preparar al mundo o «montando el escenario» para el momento en que Él dé inicio a Su plan respecto a Israel, el cual incluirá en esos días el cumplimiento de señales y tiempos. Un indicador muy importante de que con mucha probabilidad estemos cerca del comienzo de la tribulación, es el hecho patente de que Israel como nación se ha reconstituido después de casi dos mil años.

5.   ¿Qué es «montaje de escenario»?

La actual era eclesiástica no es un tiempo en el que se estén cumpliendo profecías bíblicas. La profecía bíblica se aplica a un tiempo después del arrebatamiento (el periodo de siete años de la tribulación). Sin embargo, esto no significa que Dios no esté preparando al mundo para ese tiempo futuro durante la actual era eclesiástica—de hecho, lo está haciendo. Pero esto no corresponde a un «cumplimiento» de profecía bíblica. Así no se estén cumpliendo profecías en nuestros días, no debe concluirse que no podamos seguir el rastro de ciertas «tendencias generales» correspondientes a preparativos actuales para la tribulación venidera, especialmente debido a que tiene lugar inmediatamente después del arrebatamiento. A esta manera de abordar el tema la llamamos «montaje de escenario». Del mismo modo en que muchas personas sacan todo su vestuario la noche anterior al día en que se lo ponen, así también en el mismo sentido Dios está preparando al mundo para el cumplimiento seguro de la profecía en un tiempo futuro.

El doctor John Walvoord explica:

> Pero si no hay señales siquiera para el arrebatamiento mismo, ¿cuáles son las razones legítimas para creer que el arrebatamiento podría estar concretamente cercano a esta generación?
>
> La respuesta no se encuentra en ningún suceso profético que haya sido predicho para suceder antes del arrebatamiento, sino en comprender los eventos que sucederán después del arrebatamiento. Así como la historia fue dispuesta para la primera venida de Cristo, de una manera similar la historia se está preparando para los eventos que conducen a su segunda venida... Si este es el caso, nos lleva a la inevitable y emocionante conclusión de que el arrebatamiento puede estar muy cerca.[4]

La Biblia proporciona profecías detalladas sobre la tribulación de siete años. De hecho, Apocalipsis 4–19 nos proporciona un esquema detallado y secuencial de los personajes y eventos principales. Utilizando Apocalipsis como panorama general, un estudiante de la Biblia puede armonizar los cientos de otros pasajes bíblicos que hablan de la tribulación de siete años, para elaborar un modelo claro para el siguiente periodo en la historia del planeta tierra. Con ese molde para orientarnos, podemos ver que Dios ya está preparando o montando el escenario correspondiente al mundo en el que habrá de desatarse el gran drama de la tribulación. De este modo aquel tiempo futuro arroja sombras de expectativa en nuestros propios días, y así los sucesos actuales presentan señales discernibles de los tiempos.

6. ¿Qué pautas existen para entender las señales de los tiempos?

El simple hecho de que haya muchas señales legítimas en nuestros tiempos que apunten hacia el retorno de Cristo no significa que todo pensamiento y especulación que se plantee al respecto sean legítimos. De hecho, ya hay demasiadas especulaciones precipitadas en cuanto a que algún acontecimiento reciente se relacione con la profecía bíblica. Para algunos, virtualmente todo lo que ocurre es una indicación de que el regreso del Señor está cerca. Las especulaciones audaces son demasiado comunes en la actualidad, y con demasiada frecuencia no se fundamentan en una aproximación bíblica y apropiada a los temas en cuestión. Esta es la razón por la cual necesitamos puntualizar algunas pautas para disciplinar nuestros pensamientos, de modo que podamos cuidarnos de caer en especulaciones exageradas y sin fundamento.

Existen por lo menos tres pasos primordiales que deben seguirse antes de implementar un acercamiento apropiado a la comprensión de las señales finales. El experto en profecía, doctor Ed Hindson, llama a estos tres componentes hechos, suposiciones y especulaciones.[5] El doctor Hindson dice,

> En nuestro esfuerzo para hallarle sentido a todo esto, permítanme sugerir un simple paradigma:
>
> *Hechos.* Son los hechos claramente declarados en la revelación profética: Cristo va a regresar por los Suyos; Él va a juzgar al mundo; vendrá un tiempo de gran calamidad sobre la tierra al final de la era; el conflicto final será ganado por Cristo; y demás. Estos hechos básicos están claramente afirmados en las Escrituras.
>
> *Suposiciones.* Las profecías de hechos solamente se limita a ellos y nada más. Más allá de eso tenemos que hacer ciertas suposiciones. Si estas son correctas, nos conducirán a conclusiones válidas, pero si no lo son, pueden llevar a ridículas especulaciones. Por ejemplo, que Rusia vaya a invadir Israel en los últimos días es una suposición. Que sea factible o no depende de la legitimidad de la interpretación que uno haga de la profecía de Ezequiel sobre Magog (Ezequiel 38–39)...

Especulaciones. Consisten puramente en vaticinios calculados con base en suposiciones. En muchos casos no se basan en absoluto en hechos proféticos. Por ejemplo, la Biblia dice que el número del anticristo es «666» (Apocalipsis 13:18). Debemos tratar de suponer lo que esto significa. Es una sospecha de que se trata de un número literal que aparecerá en las cosas en los últimos días. Cuando un famoso evangelista vio el número 666 como prefijo de placas para automóviles en Israel hace unos años, él especuló diciendo que la «marca de la Bestia» ya había llegado a Tierra Santa.

El mayor peligro de todos al tratar de interpretar la profecía bíblica consiste en suponer que nuestras especulaciones son verdaderas y luego predicarlas como si fueran hechos. Esto ha causado muchas veces gran vergüenza y confusión. Por ejemplo, cuando Benito Mussolini subió al poder en Roma en la década de los veinte, muchos cristianos presumieron que él sería el anticristo, que gobernaría al mundo desde la ciudad de las siete colinas en los últimos días. Algunos incluso especularon que Adolfo Hitler, quien asumió después el poder en Alemania, era el falso profeta. Otros estaban seguros de que el falso profeta era el papa, quien también estaba en Roma.

Ha llegado el tiempo para que los estudiosos serios de las profecías bíblicas tengan clara la distinción entre lo que es hecho, lo que es suposición y lo que es simple especulación.[6]

Así que, cuando nos acercamos al estudio de la profecía bíblica e intentamos relacionarla con eventos de nuestros días, debemos asegurarnos primero de que empezamos con una interpretación correcta del texto bíblico antes de sacar conclusiones para que especulemos con ellas. Es lógico pensar que si tenemos la interpretación incorrecta de un pasaje, entonces la conclusión o las suposiciones que formulemos a partir de ella serán necesariamente erróneas (a no ser que seamos ilógicos y nos topemos por equivocación con una conclusión correcta).

Por ejemplo, si estamos haciendo un estudio sobre la región del mundo de donde provendrá el anticristo, debemos empezar con una interpretación correcta de pasajes bíblicos que tienen que ver con el tema en cuestión. Tras recopilar adecuadamente los datos bíblicos procedemos a sacar conclusiones, o como el doctor Hindson las llamó: suposiciones. De este modo, podríamos concluir o suponer que el anticristo se levantará del resurgido imperio romano. Puesto que Segunda Tesalonicenses 2:6-9 indica que él no va a revelarse sino hasta después del arrebatamiento, no podríamos hacer una especulación legítima en cuanto a quién podría ser dentro del universo de posibilidades en la sociedad actual. Podríamos emplear tal interpretación y suposición para excluir un candidato propuesto que proviniera de un lugar como Japón, si se quisiera plantear esa especulación.

Las opiniones legítimas sobre las señales de los últimos tiempos deben comenzar con 1) interpretación bíblica correcta, 2) suposiciones o conclusiones correctas deducidas de la interpretación, y 3) especulación consistente con los dos factores anteriores. Únicamente después de ajustarse a ese método podemos concluir que cualquier desarrollo contemporáneo constituye una señal del retorno de Cristo.

7. ¿Cuál es la diferencia entre un acercamiento válido a las señales finales y una «exégesis de periódico»?

Es común entre críticos de aquellos que creen en la existencia de señales del retorno de Cristo en nuestros días, desechar tal noción llamándola «exégesis de periódico». Con esta expresión los críticos quieren decir que son ideas humanas y no la Biblia, la fuente verdadera de tales creencias, ya que se originan en la lectura de titulares de periódico y otras noticias, y no en una exégesis (esto es, interpretación correcta) del texto bíblico. ¿Acaso esto es así?

En algunos casos esto sería cierto, pero no necesariamente en todos. Si primero se ha acudido a las Escrituras para derivar un modelo sensato de sucesos del fin y existe una verdadera correspondencia con lo que se informa en los periódicos, entonces puede ser válido. Sin embargo, si la persona está puramente tratando de hacer encajar los titulares de hoy en la Biblia, entonces es algo errado y podría designarse correctamente como «exégesis de periódico».

Algunos maestros de profecía enseñan erróneamente que las profecías bíblicas se están «cumpliendo» en nuestros días. Ya señalamos en las preguntas 4 y 5 que este no es el caso, excepto en relación al restablecimiento del moderno estado de Israel. No obstante, sí apoyamos la noción de que existen señales finales con relación al hecho de que Dios está montando el escenario para un tiempo de cumplimiento futuro, después del arrebatamiento, durante la tribulación. Así pues, es una exageración hablar de profecías que se estén cumpliendo en nuestros días, pero no es equivocado hablar de señales de que Dios está preparando su cumplimiento.

Es común que algunos maestros de profecía acudan a un pasaje bíblico, usualmente uno de los que habrán de cumplirse durante la tribulación, para encontrar una similitud entre esa profecía y algo que esté ocurriendo en nuestros días. Solamente porque algo se parezca a otra cosa, no significa que sea lo mismo.

Por ejemplo, hace unos años, yo (Thomas) recuerdo que leía en Isaías 24:5a que «la tierra se contaminó bajo sus moradores,...». Yo había escuchado muchas cosas en los inicios de los setenta acerca de cómo se estaba contaminando la tierra. En ese entonces le sugerí a unos amigos que esta era una profecía de eventos que estaban teniendo lugar en nuestra época. Hice la conexión basado en la idea de «contaminación», sin tener en cuenta el contexto bíblico de Isaías 24. ¿Cuál es el ámbito contextual de Isaías 24? Hace referencia a eventos que tendrán lugar durante el periodo de la tribulación futura. ¿Acaso estamos viviendo actualmente en el periodo de la tribulación? ¡No! Por eso, sin importar lo que estuviera pasando en la actualidad de aquellos días, no se trataba de un cumplimiento, ni se relacionaba con Isaías 24 solamente porque yo creí que había un punto de semejanza. Si examinamos la mayoría de métodos empleados actualmente que afirman el cumplimiento de profecías relacionadas con la tribulación presentando como evidencias sucesos actuales, tienen una forma parecida de abordar el tema y por lo tanto cometen errores similares.

Como ya hemos señalado previamente, no es necesario que se de el cumplimiento real de un desarrollo para que corresponda a una señal de los tiempos. Esto puede ser así porque puede haber preparación para un cumplimiento. La preparación no es el cumplimiento de una profecía, pero sí indica que Dios está haciendo preparativos para cumplir una profecía en el futuro cercano. Tal preparación para un cumplimiento se constituye en señal de los tiempos.

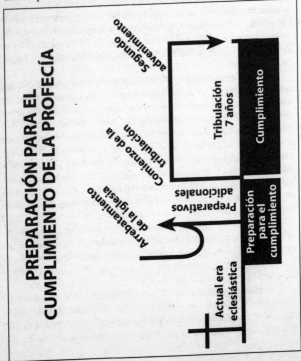

El doctor Walvoord hace eco de tal creencia en torno al montaje en la actualidad de un escenario como preparativo del cumplimiento.

> «...en nuestros días... se ha dado un mover de Dios entre Israel que se ha constituido en una preparación exacta como nunca antes del escenario para aquel cumplimiento que se ha pronosticado, correspondiente al periodo inmediatamente posterior a la traslación de la iglesia... En nuestro tiempo se han cumplido más profecías—o se han venido preparando para su cumplimiento—que en todos los siglos anteriores desde el siglo primero de nuestra era».[7]

SEGUNDA PARTE

¿Cuáles son las señales del fin de la era de la Iglesia?

8. ¿Cuál es la naturaleza profética de la era de la Iglesia?

Aparte de unas pocas excepciones, la era eclesiástica no es un tiempo de cumplimiento profético. Más bien, las profecías se cumplirán después del arrebatamiento, en relación con el trato de Dios con la nación de Israel en la tribulación de siete años. La actual era eclesiástica en la que viven los creyentes hoy en día no tiene una cuenta profética regresiva o un programa específico, como ocurre con Israel en la profecía de sus 70 semanas de años (Daniel 9:14-27). No obstante, el Nuevo Testamento sí ofrece rasgos generales que caracterizan la era eclesiástica.

Incluso las profecías específicas que se están cumpliendo durante la era eclesiástica tienen que ver con el plan profético de Dios para Israel y no directamente con la iglesia. Por ejemplo, la profetizada destrucción de Jerusalén y su templo en el año 70 de nuestra era se aplica a Israel (Mateo 23:38; Lucas 19:43-44; 21:20-24). De este modo, no es inconsistente que los preparativos proféticos relacionados con Israel ya estén avanzando a partir del restablecimiento de Israel como nación en 1948, aunque todavía estemos viviendo en la era eclesiástica.

La era eclesiástica no se caracteriza por eventos proféticos verificables históricamente, a excepción de su inicio en el día de pentecostés y su conclusión con el arrebatamiento. Pero el transcurso general de esta era ha sido profetizado y puede sugerir un cuadro general de lo que puede esperarse durante esta era.

9. ¿Cuál es el curso de la era de la Iglesia?

El decurso de la actual era eclesiástica se transmite a los cristianos en tres grupos de pasajes del Nuevo Testamento. Es necesaria una comprensión de estos pasajes para percibir y comprender las señales finales.

Mateo 13

Las parábolas de Mateo 13 arrojan luz sobre el recorrido de la actual era eclesiástica. En realidad, puesto que en Mateo 13 se hace una exploración de la era presente en su relación con el reino, las parábolas cubren el periodo de tiempo comprendido entre los dos adventos de Cristo—Su primera y Su segunda venida. Esto incluye la tribulación, la segunda venida y el juicio final después del arrebatamiento, pero de todos modos incluye una importante vista general de nuestra época actual. ¿Cómo se representa esta era en Mateo 13?

El doctor J. Dwight Pentecost resume la descripción de la siguiente manera:

> Podemos resumir las enseñanzas en cuanto al curso de la era diciendo que: (1) se va a sembrar la Palabra durante toda la era, lo cual (2) será imitado por una siembra falsa y adversa; (3) el reino alcanzará proporciones externas descomunales, pero (4) estará marcado por corrupción doctrinal en su interior; no obstante, el Señor obtendrá para Sí mismo (5) un peculiar tesoro de entre Israel, y (6) de la iglesia; (7) la era terminará en juicio, los injustos quedarán por fuera del reino que está por inaugurarse, y los justos son introducidos para disfrutar la bendición del reinado mesiánico.[8]

Apocalipsis 2–3

El siguiente pasaje principal que proporciona una visión general del transcurso de esta era se encuentra en la presentación de las siete iglesias de Apocalipsis 2–3. La perspectiva de Apocalipsis 2–3 hace referencia al programa de la iglesia y no al reino. Por esta razón, el cuadro que presenta procede desde Pentecostés hasta el arrebatamiento como se indica en la frase que se repite con frecuencia, «El que tiene oído, oiga lo que el Espíritu dice a las iglesias» (Apocalipsis 2:7,11,17,29; 3:6,13,22). Estas siete iglesias históricas del primer siglo establecen un patrón de los tipos de iglesias que existirán a lo largo de toda la historia eclesiástica.

Apocalipsis 1:19 indica una división en tres partes del Libro de Revelación.

> Escribe las cosas que has visto, y las que son, y las que han de ser después de estas.

• **Apocalipsis 1:** corresponde a «las cosas que has visto», en las cuales se describe al Cristo resucitado.

• **Apocalipsis 2–3:** corresponde a «las [cosas] que son», lo cual abarca toda la era eclesiástica.

• **Apocalipsis 4–22:** corresponde a «las [cosas] que han de ser después de estas», lo cual abarca la tribulación, la segunda venida, el milenio y el estado eterno.

Según la división anterior del Libro de Revelación, queda claro que las siete iglesias de Apocalipsis 2–3 corresponden a la actual era eclesiástica.

¿Qué lecciones nos enseñan estas siete epístolas a las iglesias en Apocalipsis acerca de la era eclesiástica? G. H. Pember, un erudito en profecía de una generación previa a la nuestra, dice:

> Por consiguiente parece claro que las Iglesias seleccionadas deben haber sido escogidas debido a su carácter representativo. Y teniendo también en cuenta el orden en que se colocan, podemos ver con cierta probabilidad un doble propósito en estas Siete Epístolas—aparte de su aplicación literal—el cual afecta a todas las Iglesias del pueblo de Dios sobre la tierra.
>
> En primer lugar, porque si las consideramos como un todo, podemos con cierta probabilidad, detectar en ellas especímenes de todo tipo de circunstancias, tentaciones o pruebas que la presciencia de Dios hubiera visto en el futuro de los creyentes cristianos. De ahí que Él pueda por medio de ellas, dar consejo, consuelo, exhortación o advertencia a cualquiera de Sus propios discípulos, y en cualquier tiempo durante el transcurso del periodo eclesiástico.
>
> Y en segundo lugar, si se consideran en el orden en que fueron dadas, se descubrirá que se anticipan como una sombra a las fases subsecuentes por las cuales tenía que pasar la Iglesia Nominal, desde el tiempo de la visión hasta el término de la Era.[9]

Estudiantes de la Biblia como Pember creen que las siete iglesias «presentan una imagen profética de los siete periodos históricos en los cuales se va a desarrollar la iglesia visible». Esto se ha denominado «el método histórico–profético de interpretación».[10] Tal procedimiento sugiere que la era eclesiástica pasará por estas siete etapas, las cuales ofrecen un panorama profético general que empieza en Éfeso y termina en Laodicea. El mensaje profético se transmite con base en el asunto principal contenido en cada comunicado y «los nombres específicos de las Iglesias destinatarias ... y el periodo de la historia eclesiástica en el que parecen encontrar su cumplimiento».[11] Pember explica los nombres de la siguiente manera:

Éfeso = relajamiento. El enfriamiento del amor al término de la era apostólica.

Esmirna = amargura; también mirra, un ungüento utilizado especialmente para embalsamar a los muertos. La época de las Diez Grandes Persecuciones.

Pérgamo = una torre. Grandeza terrenal de la iglesia nominal, a partir del acceso al trono de Constantino.

Tiatira = la que no se cansa de ofrecer sacrificios. Las iglesias católicas, con su repetición perpetua del sacrificio en la misa.

Sardis = renovación. Los resultados de la Reforma.

Filadelfia = amor fraternal. La reunión de los que creen que el amor de Cristo es un lazo de unión más fuerte que cualquier ligadura sectaria. Esta reunión implica evidentemente una preparación para el retorno del Señor.

Laodicea = las costumbres o el juicio del pueblo. El periodo en el cual las personas se constituyen a sí mismas en jueces de lo que es correcto, y así ponen definitivamente a un lado la Palabra de Dios. En consecuencia, son rechazados por el Señor Jesús.[12]

Un bosquejo típico de los aspectos proféticos de las siete iglesias es propuesto por el doctor Arnold Fruchtenbaum a continuación:

1. Éfeso [A.D. 30–100] Iglesia Apostólica
2. Esmirna [100–313] Persecución Romana
3. Pérgamo [313–600] Era de Constantino
4. Tiatira [600–1517] Oscurantismo
5. Sardis [1517–1648] Reforma
6. Filadelfia [1648–1900] Movimiento Misionero
7. Laodicea [1900–presente] Apostasía[13]

Si esta propuesta es válida, indica claramente que la historia se encuentra ahora en la última fase de Laodicea correspondiente a la era eclesiástica. Pember intenta justificar este punto de vista con la siguiente explicación:

> De nuevo, si volvemos a la séptima epístola, la que se dirige a la iglesia de los cristianos de Laodicea, percibimos que describe rasgos que, de acuerdo a otros versículos de las Escrituras, van a caracterizar a los últimos días de esta Era. Porque aquellos a quienes está dirigida, persisten sin duda alguna, en retener una cierta forma de piedad, pero sin dar importancia a sus implicaciones prácticas ni sintiendo su poder. Están satisfechos consigo mismos y se sienten complacidos en la mismísima víspera del juicio. Y el Señor, Quien está en el acto de repudiarlos, se ha apartado de en medio de ellos, y solamente está parado en la puerta por un momento, con el fin de hacer un último ofrecimiento a cre-

yentes individuales, así como para proferir una advertencia final.[14]

«Pero si esto es así, surge naturalmente la pregunta», anota Pember, «¿Por qué escogió el Señor una forma tan peculiar para revelarse?»[15] Él ofrece la siguiente respuesta:

Porque Él no quería que el contenido profético de las epístolas pudiera entenderse clara y fácilmente, sino hasta cuando hubieran llegado los Últimos Días. Porque, aunque estos dos capítulos han sido muy útiles en todas las épocas para amonestar, corregir, instruir y exhortar, sus predicciones a duras penas podrían descubrirse o siquiera sospecharse, sino hasta el momento en que estuvieran a punto de cumplirse. Y de esta manera nunca, al insinuar eventos que debían pasar primero, haría que los creyentes dijeran, «Mi Señor tarda Su venida». Y por otro lado, cuando el Espíritu vaya a revelar su significado al final de los tiempos, al hacerlo tendría el propósito de traer profunda convicción de la cercanía del Adviento a todas las mentes prudentes y reverentes.

Y también existe otra causa para que esta forma de profecía esté como obscurecida. Porque dada la misma naturaleza del caso, tales predicciones no pueden ser directas y literales, como lo son las profecías de eventos singulares en los capítulos cuarto y siguientes, sino que apenas pueden borrosamente anticipar cosas por venir, aunque al obtener un indicio se pueden ver sus trazos con suficiente claridad.

Por último, debemos notar que en esta profecía, así como en la de las Siete Parábolas, una vez que alguna fase haya comenzado, puede continuar mucho más allá del tiempo de su preponderancia, aunque con frecuencia en un área reducida, incluso sin duda, hasta el regreso del Señor. Hay una clara insinuación de que este será el caso de Pérgamo—porque el Señor todavía no ha peleado contra los balaamitas con la espada de Su boca; también en el caso de Tiatira—porque se invita al remanente a retener lo que tienen hasta que Él venga; en el de Sardis—porque se le dice que a no ser que vele, Él vendrá sobre ella como ladrón: y en el de Filadelfia—porque Él le promete que viene pronto, y le encarga retener lo que tiene para que ninguno tome su corona. No hay duda de que las iglesias nominales acogerán en sus últimos días al igual que en los primeros, a comunidades que tomadas en conjunto, exhibirán todas las características mencionadas en los dos capítulos; todo esto a fin de que cada una de las epístolas conserve su valor concisamente práctico hasta el Fin. Pero en ese tiempo, la fase predominante será la de Laodicea.[16]

Esta manera de comprender Apocalipsis 2–3 indicaría que la iglesia ha pasado por sus diversas etapas y ahora está dispuesta para que ocurra el arrebatamiento, como siempre, en cualquier momento. Sin embargo, únicamente es válida la conclusión general de que estamos en la era final, dado que el periodo de Laodicea podría continuar por cientos de años al igual que ocurrió con la era de Tiatira.

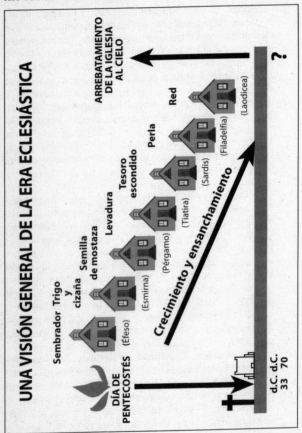

Los últimos días para la iglesia

Independientemente del significado que pueda tener Apocalipsis 2–3, el Nuevo Testamento habla caramente acerca de los últimos días para la iglesia. Como se explicó en la Primera Parte, una serie de epístolas del Nuevo Testamento hablan de la condición al interior de la cristiandad cuando se acerque el fin del mundo. Es interesante que virtualmente todos estos comentarios provienen de epístolas escritas poco tiempo antes de la muerte de cada Apóstol (es decir, durante los últimos días que vivieron los diferentes Apóstoles), quienes escribieron como para hacer énfasis en los peligros latentes que se harían evidentes durante los últimos días de la iglesia. A continuación sigue una lista de los siete principales pasajes que tratan el tema de los últimos días para la iglesia: 1 Timoteo 3:1-3; 2 Timoteo 3:1-5; 4:3-4; Santiago 5:1-8; 2 Pedro 2:1-22; 3:3-6; Judas 1-25. Cada uno de esos pasajes recalca una y otra vez que la característica más notable del último tiempo de la iglesia será la *apostasía*. El doctor Pentecost concluye:

> Se considera que esta condición al término de la era coincide con el estado interior de la iglesia de Laodicea, aquella ante la cual a Cristo le toca estar a la puerta pidiendo entrada. En vista de que ella se niega a abrir, no es de extrañarse que esta era se llame «la era de la generación maligna y perversa» en las Escrituras.[17]

El Nuevo Testamento ilustra la condición interior de la iglesia que profesa tener la fe al fin de la era, por medio de un sistema de negaciones.
- Negación de **DIOS**—Lucas 17:26; 2 Timoteo 3:4-5
- Negación de **CRISTO**—1 Juan 2:18; 4:3; 2 Pedro 2:6
- Negación del **RETORNO DE CRISTO**— 2 Pedro 3:3-4
- Negación de **LA FE**—1 Timoteo 4:1-2; Judas 3
- Negación de **LA SANA DOCTRINA**—2 Timoteo 4:3-4
- Negación de **LA VIDA SANTA**—2 Timoteo 3:1-7
- Negación de **LA LIBERTAD CRISTIANA**—1 Timoteo 4:3-4
- Negación de **LA MORAL**—2 Timoteo 3:1-8,13; Judas 18
- Negación de **LA AUTORIDAD**—2 Timoteo 3:4[18]

El doctor Lewis Sperri Chafer, fundador y primer presidente del Seminario Teológico de Dallas, caracterizó los últimos días de la iglesia de la siguiente manera:

> Una porción considerable de las Escrituras tiene que ver con los últimos días de la Iglesia. Se hace referencia a un tiempo delimitado hacia el final pero al mismo tiempo totalmente dentro de la presente era. Aunque este breve periodo antecede inmediatamente a la gran tribulación y en alguna medida es una preparación para la misma, estos dos tiempos de apostasía y confusión—aunque no puedan compararse en la historia—están totalmente separados el uno del otro. En aquellos pasajes de la Escritura donde se describen los últimos días de la iglesia no se hacen consideraciones de las condiciones políticas o del mundo, sino que se circunscriben a la iglesia misma. Estas porciones de la Escritura muestran cómo el hombre se aparta de la fe (1 Ti. 4:1-2). Se dará una manifestación de características que pertenecen a hombres no regenerados, aunque será bajo la

profesión de una «apariencia de piedad» (cf. 2 Ti. 3:1-5). Lo indicativo de esta condición consiste en que, habiendo negado el poder de la sangre de Cristo (cf. 2 Ti. 3:5 con Ro. 1:16; 1 Co. 1:23-24; 2 Ti. 4:2-4), los líderes en estas formas de rectitud serán hombres no regenerados de los cuales no puede proceder nada espiritual aparte de estas cosas (cf. 1 Co. 2:14).[19]

El claro transcurso de los últimos días para la iglesia consiste en constantes advertencias al creyente para que se mantenga en guardia contra la infidelidad doctrinal, conocida de otra manera como apostasía. Tal característica le permite al cristiano de hoy en día percatarse de una clara señal de los últimos tiempos.

Conclusión

Aunque no hay profecías específicas en relación con la presente era eclesiástica, hemos visto cómo tres pasajes de las Escrituras logran trazar un cuadro general del transcurso de esta era. Todos los tres indican que la apostasía va a caracterizar a la cristiandad durante el tiempo en que va a tener lugar el arrebatamiento. Este distintivo común le proporciona a los creyentes actuales una señal general de los tiempos.

10. ¿Cómo se relaciona el arrebatamiento con las señales finales?

Concretamente, el arrebatamiento no se relaciona con señales finales. Esto se debe a que el arrebatamiento de la iglesia ocurrirá en cualquier momento, y no será acompañado por ninguna señal. Puesto que ninguna señal se conecta de ningún modo con este evento inminente, es imposible descubrir o vincular señales específicas con el tiempo del arrebatamiento. Esto significa que los creyentes siempre deban estar velando y esperando al Señor y no a las señales cuando se trata del arrebatamiento. Si alguien sugiere que el arrebatamiento ocurrirá en una fecha específica puede hacer tal predicción basado únicamente en elementos especulativos derivados de fuentes externas a la Biblia o con base en una interpretación errada de las Escrituras.

Aunque no existen señales relacionadas específicamente con la cercanía del arrebatamiento, esto no significa que no existan señales generales que se relacionen con otros aspectos del plan de Dios que son importantes para el creyente hoy en día. Entre los que creen que el arrebatamiento tendrá lugar antes de la tribulación (la perspectiva de los autores), observamos tres procedimientos básicos para interpretar los sucesos actuales y las señales finales. Las tres clasificaciones se relacionan con la manera como el intérprete asocia las profecías para Israel y la iglesia. Vemos un espectro de tres grados, 1) laxo, 2) moderado, y 3) estricto.

La visión laxa

La visión laxa está representada por aquellos que algunas veces toman las profecías escritas para Israel y sugieren que se están cumpliendo en la actualidad—durante la era eclesiástica. Algunas veces interpretan las profecías sobre la tribulación como si se estuviera cumpliendo o ya se hubiera cumplido en la actual era eclesiástica. Tal aproximación combina el plan de Dios para Israel con Su plan para la iglesia en puntos específicos de cumplimiento profético. Esta visión no se ajusta a la interpretación literal que lleva a separar Israel y la iglesia. Es imposible que los creyentes en la actualidad estén al mismo tiempo en la era eclesiástica y en la tribulación.

Un ejemplo de este tipo de interpretación sería que alguien fijara una fecha para el arrebatamiento o tratara de ver un acontecimiento actual como cumplimiento de una profecía relacionada con la todavía futura tribulación o la segunda venida. A comienzos de la década de los ochenta un popular maestro de profecía dijo que Isaías 19 predecía el asesinato del presidente de Egipto Anwar Sadat. Esto es imposible, ya que Isaías 19 hace referencia a eventos que tendrán lugar en la tribulación. Puesto que no nos encontramos ahora en la tribulación, entonces no pudo haber profetizado tal evento. Esta es una fusión incorrecta de la profecía de Dios para Israel con la de la iglesia, y es algo inconsistente con la creencia de que el arrebatamiento ocurre antes de la tribulación.

La visión estricta

Vamos a tratar el tercer punto de vista a continuación, a fin de que la segunda visión, la cual respaldamos, pueda compararse con la primera y la tercera. Algunos pretribulacionistas son herméticos e inflexibles en mantener una distinción entre el plan profético de Israel y Su plan para la iglesia. Ellos tienden a decir que los sucesos de ahora prácticamente no tienen ninguna relevancia para la actualidad, puesto que el único evento en la era eclesiástica que un verdadero creyente busca y espera es el arrebatamiento.

La visión estricta sostiene que el establecimiento de Israel como nación en 1948 puede no ser el comienzo de lo que fue profetizado para los últimos días. Ellos tienden a deducir que en realidad no podemos saber cuál es la relevancia y el significado de estas cosas hasta después del arrebatamiento. De este modo, los acontecimientos actuales no son indicadores significativos de «señales finales». Algunos incluso enseñan que Israel podría ser sacado de la tierra y eso no tendría impacto en la profecía, puesto que realmente no podemos confirmar si los eventos contemporáneos son o no preparativos para el cumplimiento de lo que está en la Biblia.

En esta visión no se hacen especulaciones en cuanto a cómo

se relacionan los eventos actuales con la profecía, y con frecuencia se habla enérgicamente contra los que tratan de establecer una correlación entre la Biblia y los acontecimientos de la actualidad. Los intérpretes estrictos tienen gran acogida dentro de círculos académicos de la dispensación, probablemente debido a su preocupación por el daño que puede causar el empleo de especulación inadecuada en la interpretación literal de la profecía.

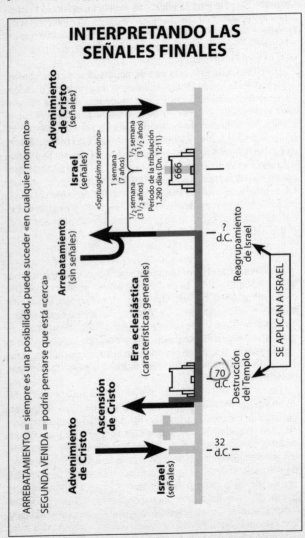

INTERPRETANDO LAS SEÑALES FINALES

ARREBATAMIENTO = siempre es una posibilidad, puede suceder «en cualquier momento»

SEGUNDA VENIDA = podría pensarse que está «cerca»

Advenimiento de Cristo (señales)

Israel (señales)

«Septuagésima semana»

1 semana (7 años)

1/2 semana (3 1/2 años)

1/2 semana (3 1/2 años)

Período de la tribulación 1.290 días (Dn. 12:11)

666

Arrebatamiento (sin señales)

? d.C.

Reagrupamiento de Israel

SE APLICAN A ISRAEL

Era eclesiástica (características generales)

Ascensión de Cristo

70 d.C.

Destrucción del Templo

Advenimiento de Cristo

32 d.C.

Israel (señales)

La visión moderada

Una tercera forma de entender cómo se relacionan las profecías con Israel y la iglesia es la visión moderada, la perspectiva que nosotros favorecemos. Los moderados sostienen claramente una distinción entre el plan de Dios para Israel y la iglesia. La actual era eclesiástica está representada en la profecía únicamente por medio de tendencias y características generales, no por un cumplimiento específico de acontecimientos, como será el caso con la profecía después del arrebatamiento. Por lo tanto, no existen señales de eventos actuales que indiquen la cercanía del arrebatamiento, lo cual es una posibilidad inminente que se puede hacer efectiva en cualquier momento durante la era eclesiástica. Pero los eventos actuales sí pueden tener una relevancia profética.

Los moderados no establecen fechas ni piensan que algún evento actual cumpla una profecía relacionada con la tribulación o el milenio. Sin embargo, tienden a considerar que es válido plantear un modelo o escenario que represente cómo serán las cosas después del arrebatamiento, puesto que las Escrituras proporcionan un cuadro claro y detallado del periodo de la tribulación. Basados en ese modelo, podemos ver cómo los preparativos y la puesta en escena de esos eventos van cuadrando y ajustándose cada vez más a través de acontecimientos de la actualidad. Puesto que estos mismos no son señales del arrebatamiento, sino más bien el montaje de un escenario para los eventos que van conduciendo a la segunda venida, se va acrecentando nuestra anticipación y expectativa con respecto al arrebatamiento. Las posiciones que van ocupando los actores y eventos relacionados con el plan de Dios para el mundo durante la futura tribulación, cada vez proyectan más visiblemente sombras sobre la actual era eclesiástica, intensificando de esta manera la expectación del arrebatamiento en cualquier momento, el cual debe ocurrir antes de que comience cualquier evento propio de la tribulación.

El doctor Walvoord explica:

Estas importantes situaciones que son una realidad ahora y no hace cincuenta años, apuntan a la conclusión de que el Arrebatamiento mismo puede estar muy cercano debido a que el escenario ya está dispuesto para los eventos que seguirán al Arrebatamiento.

Todas las áreas de la profecía se combinan en el testimonio unido de que la historia está preparando a nuestra generación para el fin de la era.

En cada área de la profecía se puede elaborar una lista cronológica de eventos proféticos importantes. En cada lista en relación con la iglesia, las naciones o Israel, los eventos de la historia indican claramente que el mundo está preparado y dispuesto para el Arrebatamiento de la iglesia y el comienzo de la cuenta regresiva hasta Armagedón.[20]

Conclusión

Aunque ninguna de las señales finales se relaciona específicamente con el tiempo del arrebatamiento, esto no significa que no haya señales vinculadas al plan profético general de Dios, específicamente a Su preparación del mundo para el tiempo de la tribulación, el cual empezará después del arrebatamiento. Esta manera de ver las cosas se ha ilustrado de la siguiente manera: si uno ve señales de que la Navidad se aproxima (la tribulación), entonces el día de Acción de Gracias debe estar aún más cerca (el arrebatamiento).

TERCERA PARTE

¿Cuáles son las señales de que la tribulación parece estar cerca?

En cada generación desde la ascensión de Cristo ha habido cristianos que pensaron que había alguna razón para que Su regreso tuviera lugar durante sus vidas en la tierra. Sin embargo, casi todas estas expectativas se derivaban de la creencia en que se estaban experimentando eventos propios de la tribulación. Solamente en los últimos 200 años los intérpretes han retornado a una comprensión futurista y literal de la tribulación. De este modo, aunque muchos han creído que el retorno de Cristo estaba cercano, la base de tal juicio no ha sido la misma siempre en la historia de la iglesia. El hecho de que Israel se haya convertido en nación en 1948 es un suceso innegable de la historia que indica que Dios tiene algo preparado en la historia de nuestro tiempo, algo que no podría decirse de otras épocas en el pasado.

11. ¿Qué «escenografía» y «actores» está usando Dios para montar el escenario profético?

La «escenografía» y los «actores» relacionados con el próximo caudal de actividad profética—la tribulación— giran alrededor de las tres divisiones principales de las profecías futuras: la iglesia, las naciones e Israel.

Aunque el evento cercano para la verdadera iglesia—el cuerpo de Cristo—es la traslación de la tierra al cielo que tiene lugar con el arrebatamiento, los no creyentes que se quedan en la iglesia organizada como una institución, entrarán a la tribulación y conformarán las bases de una macro–iglesia apóstata que el falso profeta utilizará para cooperar con el dominio mundial del anticristo (Apocalipsis 13; 17–18). El doctor Walvoord ofrece una lista de eventos proféticos relacionados con la iglesia que están en proceso de preparación para su cumplimiento real en el futuro.

- ## LISTA DE EVENTOS PROFÉTICOS PARA LA IGLESIA

  1. El ascenso del comunismo en todo el mundo hizo posible la propagación global del ateísmo.
  2. El liberalismo menoscaba la vitalidad espiritual de la iglesia en Europa y eventualmente en Norteamérica.
  3. La trayectoria hacia una mega–iglesia comienza con el movimiento ecuménico.
  4. La apostasía y la negación abierta de la verdad bíblica se hacen evidentes en la iglesia.
  5. El caos moral se hace cada vez más evidente debido al completo apartamiento de la moralidad cristiana.
  6. La ola de espiritismo, ocultismo y la creencia en demonios empieza a preparar al mundo para la hora final de Satanás.
  7. Jerusalén se convierte en centro de controversia religiosa para árabes y cristianos, mientras que los judíos del mundo tienen planes para hacer de la ciudad el centro del judaísmo.
  8. Los creyentes verdaderos desaparecen de la tierra para reunirse con Cristo en el cielo cuando suceda el arrebatamiento de la iglesia.
  9. Termina el impedimento de la maldad por parte del Espíritu Santo.
  10. La macro–iglesia combina grandes religiones como una herramienta para que el falso profeta ayude al anticristo a asumir el poder mundial.
  11. El anticristo destruye a la super–iglesia y exige recibir adoración como un dictador mundial deificado.
  12. Los creyentes de este periodo sufren una recia persecución y son martirizados por millares.
  13. Cristo regresa a la tierra con cristianos que han estado en el cielo durante la Tribulación y pone término al gobierno de las naciones en la batalla de Armagedón.[21]

Se puede elaborar una lista similar de eventos proféticos con base en la preparación del escenario profético y las profecías que están aún por cumplirse en el plan de Dios para las naciones. El doctor Walvoord suministra la siguiente lista:

- ## LISTA DE EVENTOS PROFÉTICOS PARA LAS NACIONES

  1. El establecimiento de las Naciones Unidas comenzó como un primer paso en serio hacia la creación un solo gobierno mundial.
  2. La reconstrucción de Europa después de la segunda guerra mundial hizo posible su futura participación en una renovación del imperio romano.
  3. Israel fue restablecido como nación.

4. Rusia se convirtió en potencia mundial y aliado de los países árabes.

5. El Mercado Común y el Banco Mundial dan muestras de necesitar algún tipo de regulación internacional para manejar la economía global.

6. La China comunista se convirtió en potencia mundial.

7. El Oriente Medio se convierte en el punto más importante de los conflictos mundiales.

8. La extorsión con base en el petróleo despierta al mundo a la nueva concentración de riqueza y poder en el Mediterráneo.

9. La cortina de hierro cae y surge un nuevo orden en Europa.

10. Rusia decae como potencia mundial y pierde su influencia en el medio oriente.

11. Un clamor mundial por la paz sigue a la conmoción continua causada por el alto precio del petróleo, muchos incidentes terroristas, y la confusa situación militar en el medio oriente.

12. Diez naciones crean una Confederación Unida del Mediterráneo—inicios de la última etapa del cuarto imperio mundial ya profetizado.

13. En un dramático juego de poder, un nuevo líder del Mediterráneo apabulla a tres naciones de la confederación y toma el control del poderoso grupo de diez naciones.

14. El nuevo caudillo mediterráneo lidera las negociaciones para llegar a un acuerdo «definitivo» de paz en el medio oriente, el cual se rompe tres años y medio después.

15. El ejército ruso intenta una invasión a Israel y es milagrosamente destruido.

16. El líder mediterráneo se proclama a sí mismo como dictador mundial, rompe su acuerdo de paz con Israel, y declara que él mismo es Dios.

17. El nuevo dictador mundial profana el templo en Jerusalén.

18. Los terribles juicios de la gran tribulación son derramados sobre las naciones del mundo.

19. Una rebelión a nivel mundial amenaza el dominio del dictador mundial mientras ejércitos de todo el mundo convergen hacia el medio oriente.

20. Cristo retorna a la tierra desde el cielo con Sus ejércitos.

21. Los ejércitos del mundo se unen para resistir la venida de Cristo y son destruidos en la batalla de Armagedón.

22. Cristo establece Su reinado milenario sobre la tierra, terminando así con la era de los gentiles.[22]

Al igual que con la iglesia y las naciones, Dios está movilizando a Su pueblo escogido—Israel—a un lugar de cumplimiento en el futuro. El doctor Walvoord hace la siguiente lista:

- **LISTA DE EVENTOS PROFÉTICOS PARA ISRAEL**

1. El intenso sufrimiento y persecución de judíos a lo largo y ancho del mundo condujo a ejercer presión para que tuvieran su hogar como nación en Palestina.
2. Los judíos regresaron a Palestina e Israel se restableció como nación en 1948.
3. La recién nacida nación sobrevive en contra de funestos pronósticos.
4. Rusia emerge como un importante enemigo de Israel, pero los Estados Unidos acuden en ayuda de Israel.
5. La heroica supervivencia y la creciente fortaleza de Israel hacen de ella una nación bien afianzada y reconocida en todo el mundo.
6. Los logros militares de Israel se ven ensombrecidos por la habilidad de los árabes para librar una guerra diplomática mediante el control de la mayoría de las reservas mundiales de petróleo.
7. La posición árabe se fortalece gracias a su creciente riqueza y por las alianzas entre Europa y países árabes estratégicos.
8. El creciente aislamiento de los Estados Unidos y Rusia con respecto al oriente medio hace más difícil que Israel negocie un acuerdo de paz aceptable.
9. Después de una larga lucha, Israel es obligada a aceptar una paz con concesiones, garantizada por el nuevo líder de la Confederación del Mediterráneo compuesta por diez naciones.
10. El pueblo judío celebra lo que parece ser un acuerdo duradero y definitivo de paz.
11. Durante tres años y medio de paz, el judaísmo revive, y los sacrificios y ceremonias tradicionales se reanudan en el reconstruido templo de Jerusalén.
12. El ejército ruso hace un intento de invadir a Israel pero es destruido misteriosamente.
13. El recién proclamado dictador mundial profana el templo de Jerusalén y da inicio a un periodo de intensa persecución a los judíos.
14. Muchos judíos reconocen el desenvolvimiento de grandes eventos proféticos y declaran su fe en Cristo como el Mesías de Israel.
15. En la masacre de judíos y cristianos que se rebelan contra el dictador mundial, algunos testigos son preservados por intervención divina para llevar el mensaje de salvación por todo el mundo.
16. Cristo regresa a la tierra, y es recibido por judíos creyentes que lo reconocen como su Mesías y libertador.
17. El reinado de Cristo desde el trono de David sobre toda la tierra durante mil años, cumple finalmente todas las promesas dadas a las naciones de Israel.[23]

Los múltiples elementos listados anteriormente constituyen de manera individual señales específicas de que el programa de Dios para los últimos tiempos está a punto de «hacer el cambio» y avanzar a toda marcha; adicionalmente, el hecho de que todas las tres corrientes de profecía estén convergiendo por primera vez en la historia en un mismo tiempo es en sí mismo una señal. Esta es la razón por la cual muchos estudiantes de profecía creen que estamos en el borde de la historia. El doctor Walvoord concluye:

> El mundo actual es como un escenario que se está montando para un gran drama. Los actores principales ya están tras los bastidores esperando que llegue su momento de intervenir en la historia. La escenografía ya está en su lugar, la obra profética está a punto de empezar...

Todos los desarrollos históricos necesarios ya han tenido lugar.[24]

12.   ¿Por qué Israel es la «señal máxima» de los últimos tiempos?

El plan de Dios para la historia siempre va hacia adelante en relación a lo que Él está haciendo con Israel. Por eso, el hecho de que Israel haya sido y continúe siendo reconstituida como nación es proféticamente significativo, al punto que hace de Israel la «super–señal» de Dios para los últimos tiempos. Si Israel no fuera una nación de nuevo, sería imposible que ocurrieran los eventos del final de los tiempos, puesto que muchos de ellos tienen lugar en ese diminuto país o con referencia a él. Pero Israel ha regresado, de modo que todos los demás aspectos de la profecía bíblica también están siendo preparados para el gran final de la historia.

Hay docenas de pasajes bíblicos que predicen un reagrupamiento de Israel al final de los tiempos en su propia tierra. Sin embargo, es un error común colocar todos estos pasajes en un mismo marco temporal de cumplimiento, especialmente en relación con el moderno estado de Israel. El Israel moderno es proféticamente significativo y está cumpliendo las profecías bíblicas. Pero los lectores de la Palabra de Dios deben ser cuidadosos en distinguir cuáles versículos se están cumpliendo en nuestros días y cuáles referencias aún aguardan su cumplimiento en el futuro.

El erudito judeocristiano, doctor Arnold Fruchtenbaum, explica:

> El restablecimiento del estado judío en 1948 no solamente ha atascado definitivamente el pensamiento amilenialista, sino que también le ha puesto un impedimento considerable al pensamiento premilenialista. Asombro-

samente, algunos premilenialistas han llegado a la conclusión de que el actual estado de Israel no tiene nada que ver con el cumplimiento de la profecía. Por alguna razón el estado actual no encaja de ningún modo en su esquema de cosas, así que el estado actual se convierte simplemente en un accidente histórico. ¿Con base en qué argumentos se ignora en tal medida el actual estado de Israel? El asunto que incomoda a tantos premilenialistas es el hecho de que no solamente los judíos han regresado con incredulidad respecto a la persona de Jesús, sino que la mayoría de los que han regresado no son ni siquiera judíos ortodoxos. De hecho la mayoría son ateos o agnósticos. Ciertamente, por ende, Israel no encaja en todos aquellos pasajes bíblicos sobre el retorno, porque es de una nación regenerada que habla la Biblia, y el estado actual de Israel a duras penas encajaría en ese cuadro. De modo que con base en estas razones, el estado actual se descarta como un cumplimiento de la profecía.

Sin embargo, el verdadero problema radica en no darse cuenta de que los profetas hablaron acerca de dos retornos internacionales. En primera instancia, debía darse una reagrupación en incredulidad como preparativo para el juicio, concretamente el juicio de la tribulación. Este habría de ser seguido por una segunda reagrupación a nivel mundial pero en fe, como preparación para la bendición, en otras palabras las bendiciones de la era mesiánica. Una vez se reconozca que la Biblia habla de dos reagrupaciones mundiales, es fácil ver cómo el actual estado de Israel encaja en la profecía.[25]

• PRIMERA AGRUPACIÓN MUNDIAL EN INCREDULIDAD

En 1948 cuando nació el moderno estado de Israel, no sólo representó un importante desarrollo de montaje escénico, también fue un cumplimiento como tal de profecías específicas de la Biblia con respecto a una reagrupación de los judíos en incredulidad, antes del juicio de la tribulación. Tal predicción se encuentra en los siguientes pasajes del Antiguo Testamento: Isaías 11:11-12; Ezequiel 20:33-38; 22:17-22; 36:22-24; Sofonías 2:1-2 y Ezequiel 38–39 presuponen tal escenario.

Los siguientes pasajes hablan de la reunión de Israel en preparación para un juicio venidero que quitará del todo la incredulidad de ellos.

• Ezequiel 20:33-38

Vivo yo, dice Jehová el Señor, que con mano fuerte y brazo extendido, y enojo derramado, he de reinar sobre vosotros; y os sacaré de entre los pueblos, y os reuniré de las tierras en que estáis esparcidos, con mano fuerte y brazo extendido, y enojo derramado; y os traeré al desierto de los pueblos, y allí litigaré con vosotros cara a cara. Como litigué con vuestros padres en el desierto de la tierra de Egipto, así litigaré con vosotros, dice Jehová el Señor. Os haré pasar bajo la vara, y os haré entrar en los vínculos del pacto; y apartaré de entre vosotros a los que se rebelaron contra mí; de la tierra de sus peregrinaciones los sacaré, mas a la tierra de Israel no entrarán; y sabréis que yo soy Jehová.

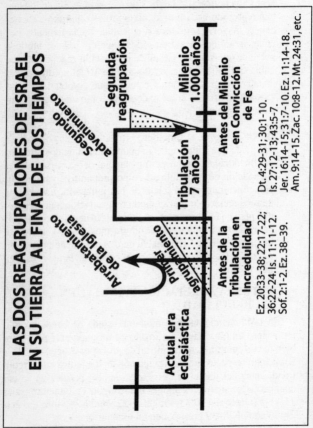

LAS DOS REAGRUPACIONES DE ISRAEL EN SU TIERRA AL FINAL DE LOS TIEMPOS

Segunda reagrupación

Milenio 1.000 años

Antes del Milenio en Convicción de Fe

Dt. 4:29-31; 30:1-10.
Is. 27:12-13; 43:5-7.
Jer. 16:14-15; 31:7-10. Ez. 11:14-18.
Am. 9:14-15. Zac. 10:8-12. Mt. 24:31, etc.

Segundo advenimiento

Tribulación 7 años

Arrebatamiento de la iglesia

Primer agrupamiento

Antes de la Tribulación en Incredulidad

Ez. 20:33-38; 22:17-22; 36:22-24. Is. 11:11-12.
Sof. 2:1-2. Ez. 38-39.

Actual era eclesiástica

• *Ezequiel 22:17-22*

Vino a mí palabra de Jehová, diciendo; Hijo de hombre, la casa de Israel se me ha convertido en escoria; todos ellos son bronce y estaño y hierro y plomo en medio del horno; y en escorias de plata se convirtieron. Por tanto, así ha dicho Jehová el Señor: Por cuanto todos vosotros os habéis convertido en escorias, por tanto, he aquí que yo os reuniré en medio de Jerusalén. Como quien junta plata y bronce y hierro y plomo y estaño en medio del horno, para encender fuego en él para fundirlos, así os juntaré en mi furor y en mi ira, y os pondré allí, y os fundiré. Yo os juntaré y soplaré sobre vosotros en el fuego de mi furor, y en medio de él seréis fundidos. Como se funde la plata en medio del horno, así seréis fundidos en medio de él; y sabréis que yo Jehová habré derramado mi enojo sobre vosotros.

Sofonías 1:14-18 constituye una de las descripciones más reveladoras de «El día de Jehová», que comúnmente llamamos el periodo de la tribulación. Sofonías 2:1-2 dice que tendrá lugar una reunión mundial de Israel antes del día del Señor.

• *Sofonías 2:1-2*

Congregaos y meditad, oh nación sin pudor, antes que tenga efecto el decreto, y el día se pase como el tamo; antes que venga sobre vosotros el furor de la ira de Jehová, antes que el día de la ira de Jehová venga sobre vosotros.

• **SEGUNDA REUNIÓN MUNDIAL EN CONVICCIÓN**

Muchos pasajes de la Biblia hablan de la reagrupación de Israel, con certidumbre de fe, al final de la tribulación, en conjunción con la segunda venida de Cristo, como preparación para la inauguración del milenio. Estas referencias no están siendo cumplidas por el moderno estado de Israel. Algunas de las citas incluyen: Deuteronomio 4:29-31; 30:1-10; Isaías 27:12-13; 43:5-7; Jeremías 16:14-15; 31:7-10; Ezequiel 11:14-18; Amós 9:14-15; Zacarías 10:8-12; Mateo 24:31 y muchos más.

• *Ezequiel 11:14-18*

Y vino a mí palabra de Jehová, diciendo: Hijo de hombre, tus hermanos, tus hermanos, los hombres de tu parentesco y toda la casa de Israel, toda ella son aquellos a quienes dijeron los moradores de Jerusalén: Alejaos de Jehová; a nosotros es dada la tierra en posesión. Por tanto, di: así ha dicho Jehová el Señor: Aunque les he arrojado lejos entre las naciones, y les he esparcido por las tierras, con todo eso les seré por un pequeño santuario en las tierras adonde lleguen. Di, por tanto: Así ha dicho Jehová el Señor: Yo os recogeré de los pueblos, y os congregaré de las tierras en las cuales estáis esparcidos, y os daré la tierra de Israel. Y volverán allá, y quitarán de ella todas sus idolatrías y todas sus abominaciones.

• *Amós 9:14-15*

Y traeré del cautiverio a mi pueblo Israel, y edificarán ellos las ciudades asoladas, y las habitarán; plantarán viñas, y beberán el vino de ellas, y harán muertos, y comerán el fruto de ellos.

Pues los plantaré sobre su tierra, y nunca más serán arrancados de su tierra que yo les di, ha dicho Jehová Dios tuyo.

• *Mateo 24:31*

Y enviará sus ángeles con GRAN VOZ DE TROMPETA, y JUNTARÁN A SUS ESCOGIDOS, de los cuatro vientos, desde un extremo del cielo hasta el otro.

El hecho de que en los últimos cincuenta años se haya visto una reagrupación a nivel mundial y un restablecimiento de la nación de Israel, la cual ya está preparada en el escenario preciso que requiere la revelación del anticristo y el inicio del a tribulación, se constituye en el máximo indicador de Dios en el sentido de que todas las demás áreas del desarrollo mundial son proféticamente relevantes. El doctor Walvoord dice,

> De la gran cantidad de fenómenos peculiares que caracterizan a la actual generación, pocos eventos reclaman igual relevancia en lo que tiene que ver con las profecías bíblicas, como el retorno de Israel a su tierra. Este hecho constituye un preparativo para el fin de la era, la disposición del escenario para la venida del Señor por Su iglesia, y el cumplimiento del destino profético de Israel.[26]

Israel, la «super–señal» de Dios para los últimos tiempos, es un indicador explícito de que el tiempo se acorta más y más con cada hora que pasa. ¿Está usted listo para la reunión que va a tener lugar en el cielo?

13.   ¿En qué sentido es Jerusalén una señal de los tiempos?

Las Escrituras no solamente enseñan que Israel estará plenamente recuperado para los últimos tiempos, sino inclusive más específicamente, que Jerusalén será restaurada y jugará un papel primordial durante la tribulación. De este modo, la actual ocupación de Jerusalén por parte de judíos israelitas, que tuvo lugar en 1967, es otra señal de que se está montando un escenario para el tiempo final.[27]

El hecho de que Dios esté restableciendo a Israel en la Tierra Prometida, y en acciones conjuntas ha logrado que la ciudad entera de Jerusalén esté bajo control de los judíos, prepara el escenario para el cumplimiento durante el periodo de la tribulación de docenas de profecías que tendrán lugar en relación con Jerusalén. Si los judíos no tuvieran control sobre Jerusalén entonces estas profecías no podrían cumplirse. Pero no hay duda de que tienen el control de la antigua ciudad, lo cual indica que Dios está preparando al mundo para el cumplimiento de eventos ya pronosticados.

El libro de Zacarías está enfocado en Jerusalén. Los capítulos 8–14 nos proporcionan muchas profecías sobre Jerusalén.

Zacarías 8:7-8a dice, «Así ha dicho Jehová de los ejércitos: He aquí, yo salvo a mi pueblo de la tierra del oriente, y de la tierra donde se pone el sol; y los traeré, y habitarán en medio de Jerusalén...». Esto se cumplirá durante el milenio. No obstante, antes de que Jerusalén arribe finalmente a ese destino de bendición, tiene muchos días tumultuosos por delante.

La Biblia predice que durante la tribulación, Jerusalén será vista por todas las naciones como la fuente de los problemas del mundo.

> He aquí yo pongo a Jerusalén por copa que hará temblar a todos los pueblos de alrededor contra Judá, en el sitio contra Jerusalén. Y en aquel día yo pondré a Jerusalén por piedra pesada a todos los pueblos; todos los que se la cargaren serán despedazados, bien que todas las naciones de la tierra se juntarán contra ella (Zacarías 12:2-3).

«Una copa que hace temblar» y «una piedra pesada» no son precisamente imágenes positivas para describir a Jerusalén. Y sin embargo ya vemos en nuestros días que con demasiada frecuencia, cuando algo ocurre en Jerusalén, es inevitable que se levanten críticas a nivel mundial contra los judíos de Jerusalén. ¡El escenario ya se está montando!

La bien conocida batalla de Armagedón tendrá lugar al final de la tribulación en relación con una reacción internacional dirigida en contra de Jerusalén.

> Porque yo reuniré a todas las naciones para combatir contra Jerusalén; y la ciudad será tomada, y serán saqueadas las casas, y violadas las mujeres; y la mitad de la ciudad irá en cautiverio, mas el resto del pueblo no será cortado de la ciudad. Después saldrá Jehová y peleará con aquellas naciones, como peleó en el día de la batalla. Y se afirmarán sus pies en aquel día sobre el monte de los Olivos, que está en frente de Jerusalén al oriente; y el monte de los Olivos se partirá por en medio, hacia el oriente y hacia el occidente, haciendo un valle muy grande; y la mitad del monte se apartará hacia el norte, y la otra mitad hacia el sur. Y huiréis al valle de los montes, porque el valle de los montes llegará hasta Azal; huiréis de la manera que huisteis por causa del terremoto en los días de Uzías rey de Judá; y vendrá Jehová mi Dios, y con él todos los santos (Zacarías 14:2-5).

El doctor John Walvoord afirma el hecho de que Jerusalén es una señal del montaje de un escenario para el final de los tiempos, cuando afirma,

> Las profecías sobre Jerusalén hacen claro que la Ciudad

Santa estará en todo el centro de los acontecimientos mundiales al final de los tiempos...

... el conflicto entre Israel y los árabes que viven en Palestina irá concentrando cada vez más atención sobre Jerusalén...

En todas estas situaciones Jerusalén es la ciudad para observar atentamente, a medida que la ciudad del destino profético se prepara para interpretar su último papel en la historia.

Se puede esperar que toda la situación mundial se vaya acoplando cada vez más al molde de lo que indica la profecía progresivamente. A partir de múltiples indicaciones, parece que el escenario y los actores ya están listos para el drama final, en el cual Jerusalén será una figura principal.[28]

14. ¿Cómo es que los esfuerzos para reconstruir el templo judío constituyen una señal de los tiempos?

La Biblia indica que el punto medio de la tribulación de siete años (con mayor probabilidad un poco de tiempo antes) habrá un templo reconstruido en Jerusalén (Daniel 9:27; Mateo 24:15-16; 2 Tesalonicenses 2:3-4; Apocalipsis 11:1-29). A fin de que eso ocurra, los judíos primero tuvieron que ocupar de nuevo la tierra de Israel y la ciudad de Jerusalén. Israel se convirtió en nación en 1948, la antigua ciudad de Jerusalén fue capturada por los israelíes en 1967, y cada vez existen mayores esfuerzos para lograr la reconstrucción de un templo judío sobre el monte del Templo en Jerusalén.[29]

El templo de la tribulación solamente tiene que estar allí para cuando la tribulación de siete años llegue a la mitad, para que el anticristo pueda profanarlo. Sin embargo, con cada año que pasa los judíos en Israel desean cada vez más tener un templo reconstruido y se están preparando para tal acontecimiento. Estos preparativos para el escenario final constituyen una señal para nuestros tiempos de la creciente cercanía del retorno del Señor.

15. ¿Cómo es que el revivido imperio romano y la unión europea se constituyen en señales finales?

Las Escrituras enseñan que el anticristo ascenderá al poder a partir de una federación de naciones que están de alguna forma correlacionadas con el imperio romano que existió hace dos mil años. El doctor J. Dwight Pentecost explica:

Ahora, cuando volvemos la mirada a las profecías de Daniel 2 y 7 y a Apocalipsis 13 y 17 así como otros pasajes paralelos, encontramos que al final de los tiempos, durante el periodo de Tribulación, la forma final que van a tener las potencias mundiales de los gentiles será una federación de diez naciones individuales, los diez dedos o diez cuernos.

Parece como si los líderes de Europa estuvieran promoviendo lo que Daniel profetizó cientos de años antes de Cristo, cuando dijo que la forma final de la potencia mundial romana sería una federación de estados independientes que eligen a un hombre para asumir la autoridad sobre ellos al tiempo que mantienen su propia autoridad soberana. A medida que vemos más movimientos en Europa tendientes al establecimiento de un mercado común y una federación de naciones, más cerca deberá estar la venida de nuestro Señor.[30]

Uno tendría que ser totalmente ignorante de los desarrollos que están teniendo lugar en el mundo actual, para no admitir que mediante los esfuerzos de la unión europea por fin se están juntando de nuevo los pedazos del «huevo roto», el antiguo imperio romano. Esto está ocurriendo, al igual que todos los demás desarrollos necesarios, en el tiempo y lugar precisos para la llegada del tiempo de tribulación. El popular escritor de profecía Hal Lindsey nos cuenta:

Una generación atrás, nadie habría podido soñar que pudiera revivirse un imperio conformado por las naciones que alguna vez fueron parte de la antigua Roma. Pero hoy en día, cuando Europa está realmente a las puertas de unirse, vemos el cumplimiento potencial de otra profecía vital que conduce al retorno de nuestro Señor Jesucristo.[31]

16. ¿Cómo es que Rusia se constituye en una señal para los últimos tiempos?

En conjunción con los eventos de la tribulación, Ezequiel 38–39 enseña que habrá una invasión hacia Israel por parte de una coalición liderada por «Gog, en tierra de Magog, príncipe soberano de Mesec y Tubal» (Ezequiel 38:2). Parece que Gog es la moderna Rusia. Los miembros de la coalición que participan en la invasión son Persia (el Irán moderno), Cus (Etiopía), Fut (Libia), y Gomer y la casa de Togarma (probablemente la Turquía moderna) (Ezequiel 38:5-6). Chuck Missler concluye, «Todos los aliados de Magog (Rusia) pueden identificarse razonablemente bien, y todos ellos son musulmanes».[32]

El ascenso de Rusia en el siglo veinte como potencia militar y su alineamiento con las naciones que van a invadir Israel bajo el liderazgo de Gog, armoniza nuevamente con todos los demás factores proféticamente significativos, y constituye una señal de que el escenario está listo y el regreso del Señor está cerca. El moderno oso ruso es un protagonista en la profecía de los últimos tiempo y por esa razón debería seguirse atentamente como una señal de los tiempos. Mark Hitchcock, especialista en la invasión de Gog, está de acuerdo con esta afirmación:

Rusia es un oso herido y hambriento que es ahora más peligroso que nunca. Vladimir Zhirinovsky está ganando poder en Rusia, y todo el enfoque de su plan político se basa en una masiva campaña militar dirigida hacia el medio oriente.

El escenario está dispuesto. Los eventos de Ezequiel 38–39 son más inminentes que nunca antes. La consumación de la historia podría empezar en cualquier momento. Tan sólo falta que se levante el telón.[33]

17. ¿De qué manera la globalización política, económica y religiosa así como el ascenso del anticristo constituyen señales del fin?

Como nunca antes, los acontecimientos actuales están sucediendo de manera concertada entre ellos, preparando el camino para el auge de la globalización y el ascenso del infame personaje conocido en la historia como el anticristo. La Biblia indica en Apocalipsis 13:12-17 que la bestia (otro nombre para el anticristo) expandirá su mando desde su base europea hacia todo el mundo durante los últimos tres años y medio de la tribulación. Hoy en día todos los preparativos se están dando para la futura globalización y dominio del anticristo.

• *Globalización*

Solamente en los últimos cincuenta años la globalización se ha vuelto una opción realista para la humanidad en el nivel pragmático. Apocalipsis 17–18 indica que el imperio global del anticristo girará alrededor de asuntos políticos, económicos y religiosos. Muchas personas que rechazan la Biblia y el plan de Dios para la historia creen que la solución definitiva para los problemas políticos, económicos y religiosos de este mundo, tienen únicamente soluciones globales. Tendrían razón... si lo que dice la Biblia no fuera cierto. Pero es obvio que las Escrituras son verdaderas, así que en últimas ellos están equivocados. El doctor Ed Hindson comenta sobre los motivos que se esconden tras el aumento de la iniciativa moderna de globalización:

> Todas las tentativas previas para estructurar un orden mundial han fracasado sin excepción, debido a la implacable realidad del orgullo, la arrogancia, la codicia, la avaricia y la auto–destrucción del ser humano. La Liga de Naciones de Woodrow Wilson no tuvo éxito en detener la segunda guerra mundial, y la actual Organización de las Naciones Unidas ha estado luchando desde su misma inauguración. No obstante, parece haber algo dentro de la comunidad internacional que nos impulsa hacia un sistema mundial unificado. Muchos temen que la fuerza motriz de esa iniciativa sea el mismo Satanás.[34]

El empuje hacia la unidad religiosa a nivel planetario nunca ha sido tan fuerte como en nuestros días. Las llamas se han atizado en las últimas décadas con la creciente popularidad del pensamiento de la Nueva Era, el cual ha invadido todos los aspectos de la sociedad norteamericana, incluyendo la iglesia evangélica. El doctor Charles Ryrie se pronuncia al respecto:

> La Superiglesia de las Religiones Mundiales ya está en camino: poderosa, global e invencible—durante tres años y medio.
>
> El progreso hacia su unidad como organización aumenta y disminuye, pero el movimiento es constante hacia adelante. De todas maneras, sin importar qué ocurra con las organizaciones ecuménicas, no se debe pasar por alto lo que está sucediendo en la arena teológica. El universalismo y la revolución en nombre de la iglesia están traspasando al mundo teológico. La unidad organizacional y la herejía teológica pueden compararse con dos corredores. Uno puede pasar al otro temporalmente, haciendo que el liderato pase de uno al otro en cualquier momento. Pero cuando se van acercando a la línea de meta, juntan sus manos y de sus fuerzas combinadas surge la Superiglesia.
>
> El escenario está montado. El libreto ya ha sido escrito. La escenografía está en su lugar. Los actores están tras bambalinas. Pronto escucharemos decir, «¡Se abre el telón!»[35]

• Anticristo

Claramente, el mundo se está preparando para que el anticristo salga de Europa, como lo exige la Biblia. Aunque podrían citarse muchos elementos como evidencia de tal preparación, ninguno es más impresionante que el surgimiento de una sociedad electrónica y sin dinero en efectivo, lo cual facilitará el cumplimiento de la profecía sobre la «marca de la bestia» durante la tribulación.

> Y hacía que a todos, pequeños y grandes, ricos y pobres, libres y esclavos, se les pusiese una marca en la mano derecha, o en la frente; y que ninguno pudiese comprar ni vender, sino el que tuviese la marca o el nombre de la bestia, o el número de su nombre. Aquí hay sabiduría. El que tiene entendimiento, cuente el número de la bestia, pues es número de hombre. Y su número es seiscientos sesenta y seis. (Apocalipsis 13:16-18).

¿En qué otro tiempo de la historia, aparte del nuestro propio, podría implementarse con éxito la situación planteada por una profecía como ésta?

Se esta haciendo cada vez más evidente que el sistema actual de dinero sin efectivo que se está desarrollando, va a convertirse en el instrumento a través del cual el anticristo procurará controlar a todos los que compran o venden, con base en determinar si la persona es un seguidor de Jesucristo o un seguidor del dictador europeo y por ende, de Satanás. Es obvio que cualquier líder que desee controlar la economía mundial aprovecharía el poder que tiene un sistema electrónico sin necesidad de dinero en efectivo, como una herramienta para implementar el control total...

... Pero es seguro que la futura sociedad sin efectivo es una señal de que las profecías se están cumpliendo.[36]

18. ¿Es Babilonia una señal de los últimos tiempos?

Babilonia está representada a lo largo de la Biblia como el centro focal del dominio humano que asume una posición de rechazo contra Dios, Israel, y su plan para la historia. No es de extrañarse cuando nos damos cuenta de que muchos pasajes bíblicos hablan acerca de un papel que va a jugar Babilonia en los últimos tiempos, como el enemigo de Dios (Apocalipsis 14:8; 17–18). «¿Cuáles son las señales específicas que pueden servir como indicadores del programa de Dios para el mundo al final de los tiempos?» pregunta el doctor Charles Dyer. «La tercera señal segura es la reconstrucción de Babilonia».[37] ¿Está siendo reconstruida Babilonia en nuestros días? ¡Sí lo está!

El doctor Joseph Chambers viajó a Irak, poco tiempo antes de la guerra del golfo, y fue testigo directo de la reconstrucción de Babilonia que está siendo dirigida por Saddam Hussein. «He caminado por esas ruinas y he visto una y otra vez los antiguos ladrillos de Nabucodonosor con los ladrillos de Saddam Hussein sobre ellos, y a trabajadores que adelantan la construcción de muro tras muro y edificio tras edificio», declara el doctor Chambers. «Cada mínimo detalle de la infalible Palabra de Dios se está cumpliendo».[38]

El plan profético de Dios incluye Su restauración de muchos de los antiguos enemigos de Israel, quienes una vez más, aunque sea por última vez, acometerán contra el pueblo de Dios. El doctor Chambers dice,

El único cumplimiento bíblico en nuestra generación que sobrepasó en importancia a la reconstrucción de la antigua Babilonia, es la reagrupación de Israel en la tierra que Dios les dio. Babilonia representa para el sistema del mundo lo que Israel representa para las ideas bíblicas y el cristianismo. El clímax de todas las edades está a la mano.[39]

El ascenso de la Babilonia antigua en nuestros días se constituye en otra señal adicional de que se está preparando el escenario para los últimos tiempos. Una vez más, este desarrollo después de miles de años, ocurre en conjunción con todos los demás desarrollos necesarios para el cumplimiento de las profecías sobre la tribulación venidera.

CUARTA PARTE

¿Cuáles son algunos de los pasajes bíblicos comúnmente mal entendidos tocantes a las señales de los últimos tiempos?

19. ¿Qué significa la frase «esta generación no pasará»?

Hal Lindsay, en su famoso libro *La agonía del gran planeta tierra*, enseñó que Cristo regresaría dentro de una generación de 40 años a partir del restablecimiento de Israel. Esta conclusión se basaba en su interpretación de Mateo 24:34.

> De la higuera aprended la parábola: cuando ya su rama está tierna, y brotan las hojas, sabéis que el verano está cerca. Así también vosotros, cuando veáis todas estas cosas, conoced que está cerca, a las puertas. De cierto os digo, que no pasará esta generación hasta que todo esto acontezca (Mateo 24:32-34).

Lindsey hace la siguiente especulación:

> ¿Cuál generación? Obviamente, según el contexto, la generación que vería las señales—de las cuales la más importante es la regeneración de Israel. Una generación en la Biblia es algo así como cuarenta años. Si esta es una deducción correcta, entonces dentro de cuarenta años o algo así a partir de 1948, todas estas cosas podrían suceder. Muchos eruditos que han estudiado las profecías bíblicas durante toda su vida creen que esto es así.[40]

Cuarenta años a partir de 1948 es 1988, sin embargo estamos ya a una década después de ese tiempo y el arrebatamiento no ha ocurrido. Creemos que una mejor interpretación empieza por entender que «esta generación» es una referencia a aquellos que presencian los eventos de la tribulación de siete años, especialmente la «abominación desoladora» (Mateo 24:15), como una señal de la segunda venida, no del arrebatamiento. Si esta interpretación es verdadera, entonces no importaría cuánto dure una generación, porque las señales no perdurarían por más de siete años. Además, podemos sacar a partir de otros pasajes la misma conclusión general sobre el restablecimiento de Israel como una señal de la cercanía del retorno del Señor (véase pregunta 12).

20.   ¿Cómo se relacionan guerras, terremotos, hambruna y falsos cristos con las señales finales?

Muchos maestros de profecía bíblica tienen diferencias en su comprensión de Mateo 24:3-14. Un grupo cree que estos versículos describen el decurso de la actual era eclesiástica que lleva al comienzo de la tribulación en Mateo 25:15ss. Si esta interpretación es correcta, entonces significaría que las guerras, terremotos, la hambruna y los falsos mesías irían aumentando constantemente a medida que nos acercamos al periodo de la tribulación. De ese modo, estos factores corresponderían a señales finales adicionales.

Nosotros creemos que factores como guerras, terremotos, hambruna y falsos cristos se entienden mejor al ver que corresponden al primer juicio de los sellos en Apocalipsis 6, el cual tendrá lugar en la primera mitad de la tribulación de siete años. Esto implicaría que Mateo 24:15ss hace referencia a la segunda mitad de la tribulación, conocida como la gran tribulación. Por esta razón las guerras, terremotos, hambruna y falsos cristos que tienen lugar en cualquier punto de la era eclesiástica no constituyen señales de los tiempos finales que indiquen la cercanía del retorno de Cristo.

21.   ¿Es el declive moral de la sociedad moderna una señal de los tiempos?

Nosotros no creemos que el declive moral de la sociedad en general (el cual no negamos) sea una señal específica del fin de la era. Como quedó señalado en las preguntas 8 y 9, se predijo que tal decadencia ocurriría dentro de la iglesia como parte de la apostasía. Sin embargo, no sabemos de ningún pasaje que pronostique tal corrupción para la sociedad como un todo.

También puede notarse que es difícil medir cuantitativamente esa decadencia. Sin importar qué tan mal se pongan las cosas, siempre pueden estar todavía un poco peor. Así que es imposible saber específicamente qué tan mal deban estar las cosas para que la situación misma se convierta en una señal profética.

22.   ¿Es el aumento reciente y rápido del conocimiento una señal del fin?

Muchos maestros de profecía creen que poco tiempo antes del regreso de Cristo, el mundo experimentará un aumento en la velocidad de los viajes a la par de una explosión en la información, con base en Daniel 12:4.

> Pero tú, Daniel, cierra las palabras y sella el libro hasta el tiempo del fin. Muchos correrán de aquí para allá, y la ciencia se aumentará (Daniel 12:4).

Nadie discute el hecho de que el siglo veinte ha presenciado sin lugar a dudas un aumento exponencial, tanto en la velocidad del transporte como en la acumulación de conocimiento y que entonces se trataría de una señal en nuestros días de que el fin está cerca. Pero, ¿acaso esto es realmente lo que Daniel está diciendo en el pasaje?

Otra posible interpretación del pasaje es propuesta por el doctor Charles Ryrie en su famosa Biblia de Estudio Ryrie, cuando dice, «A medida que se acerca el fin, las personas viajarán por todas partes buscando descubrir qué depara el futuro».[41] Su esta es la comprensión correcta del pasaje, entonces no se trataría de una señal para el fin de los tiempos. Significaría que muchos judíos durante la tribulación estudiarán el Libro de Daniel en un intento por descubrir lo que está ocurriendo. En este sentido, el alcance del pasaje se limitaría al tiempo futuro de la tribulación y no podría aplicarse con justicia a nuestros propios días.

En realidad no parece haber ninguna base textual para apoyar la primera interpretación. El significado de las palabras y la gramática en hebreo no respaldan tal sugerencia.

La segunda interpretación le da el mejor sentido al pasaje, especialmente cuando se toma la primera mitad del versículo para relacionarla con la segunda, y de hecho están relacionadas. En este sentido, a Daniel se le dice que conserve el libro para tiempos futuros cuando se haga un gran esfuerzo por estudiar el texto, lo cual producirá un aumento en la comprensión de su contenido.

Conclusión

El plan de Dios para el futuro es específico, está bien definido y es emocionante. No vivimos en un mundo de casualidades. Profecía significa que definitivamente ocurrirán ciertas cosas, al tiempo que otras se descartan y eliminan otras posibilidades fácticas. Vivimos en el mundo de Dios, todos estamos bajo Su control, y nos conducimos por un sendero preordenado por Él. Tenemos un marco de referencia que nos enseña las cosas que podemos esperar del futuro. Por esta razón, a la luz de las profecías bíblicas, el doctor Walvoord declara:

Nunca antes en la historia han estado presentes todos los factores para el cumplimiento de profecías relacionadas con las tendencias religiosas y los eventos que tendrán lugar al final de los tiempos. Solamente en nuestra generación se ha dado una combinación del reavivamiento de Israel, la formación de una iglesia mundial, el poder creciente de la religión musulmana, el auge del ocultismo, y la propagación mundial de la filosofía atea, todos estos conformando un escenario dramático para el cumplimiento definitivo de la profecía. En lo que respecta a una religión mundial, el camino hacia Armagedón ya está bien preparado, y aquellos que estén encaminados hacia su destino fatal bien podrían ser miembros de nuestra actual generación.[42]

La Biblia enseña claramente que los cristianos deben estar alerta esperando con anticipación el cumplimiento de las profecías bíblicas. ¡La profecía es importante! Nos ayuda a poner en perspectiva correcta las circunstancias actuales y nos da esperanza para el futuro, porque ella es la historia misma escrita por adelantado. Para el creyente que aguarda la venida de Cristo por Su iglesia en el arrebatamiento, cada nuevo día es un día de esperanza. El Señor Jesucristo regresará; la Biblia así lo dice, ¡y las señales así lo indican!

Notas

1. John F. Walvoord, *Profecía: 14 claves esenciales para entender el drama final* (Nashville: Thomas Nelson Publishers, 1993), p. 1.
2. Ibid.
3. Para mayor información sobre al arrebatamiento como un suceso inminente, véase de Thomas Ice y Timothy Demy, *El arrebatamiento* (serie «Profecía» Grand Rapids: Editorial Portavoz, 1997), pp. 34-37).
4. John F. Walvoord, *Armageddon, Oil and the Middle East Crisis*, revisado (Grand Rapids: Zondervan Publishing House, 1990), p. 217.
5. Ed Hinson, *Final Signs: Amazing Prophecies of the End Times* (Eugene, OR: Harvest House Publishers, 1996), pp. 36-37.
6. Ibid.
7. John F. Walvoord, *The Return of the Lord* (Grand Rapids: Zondervan Publishing House, 1995), p. 16.
8. J. Dwight Pentecost, *Eventos del porvenir: Estudios de escatología bíblica* (Deerfield: Editorial Vida, 1977).
9. G. H. Pember, *Las grandes profecías de los siglos en cuanto a la iglesia* (Miami Springs, FL: Conley & Schoettle Publishing Company, 1984 [1909]), pp. 494-95.
10. Arnold G. Fruchtenbaum, *The Footsteps of the Messiah: A Study of the Sequence of Prophetic Events* (San Antonio, TX: Ariel Press, 1982), p. 38.
11. Pember, *Great Prophecies*, p. 496.
12. Ibid., p. 497.
13. Fruchtenbaum, *Footsteps*, p. 36.
14. Pember, *Great Prophecies*, p. 496.
15. Ibid., p. 497.
16. Ibid., pp. 497-99.
17. Pentecost, *Eventos del porvenir*.
18. Tomado de Pentecost, p. 155.

19. Lewis Sperry Chafer, *Teología Sistemática*, 8 Vols. (Dallas: Dallas Seminary Press, 1948), vol. IV, p. 375.
20. Walvoord, *Armageddon*, p. 219.
21. Ibid., pp. 219-21.
22. Ibid., pp. 222-23.
23. Ibid., pp. 223-25.
24. Ibid., pp. 227.
25. Fruchtenbaum, *Footsteps*, p. 65.
26. John F. Walvoord, *Israel in Prophecy* (Grand Rapids: Zondervan Publishing House, 1962), p. 26.
27. Thomas Ice y Thomas Demy, *Jerusalén en la profecía bíblica* (serie «Profecía» Grand Rapids: Editorial Portavoz, 1997).
28. Walvoord, *Armageddon*, pp. 105-6.
29. Para mayor información sobre esfuerzos recientes para reconstruir el templo judío, véase de Thomas Ice y Randall Price, *Ready to Rebuild: The Imminent Plan to Rebuild the Last Days´ Temple* (Eugene, OR: Harvest House, 1992). Thomas Ice y Timothy Demy, *El templo de los últimos días* (serie «Profecía» Grand Rapids: Editorial Portavoz, 1997).
30. J. Dwight Pentecost, *Prophecy For Today: The Middle East Crisis and the Future of the World* (Grand Rapids: Zondervan Publishing House, 1961), p. 226.
31. Hal Lindsey, *Planet Earth–2000 A.D. Will Mankind Survive?* (Palos Verdes, CA: Western Front, 1994), p.. 221.
32. Chuck Missler, *The Magog Invasion* (Palos Verdes, CA: Western Front, 1995), p. 121.
33. Mark Hitchcock, *After the Empire: Biblical Prophecy in Light of the Fall of the Soviet Union* (Wheaton, IL: Tyndale House Publishers, 1994), p. 156.
34. Hindson, *Final Signs*, p. 151.
35. Charles C. Ryrie, *The Best Is Yet to Come* (Chicago: Moody Press, 1981), pp. 124-25.
36. Thomas Ice y Timothy Demy, *La futura sociedad sin dinero en efectivo* (Eugene, OR: Harvest House, 1996), pp. 85-87.
37. Charles H. Dyer, *The Rise of Babylon: Sign of the End Times* (Wheaton, IL: Tyndale House Publishers, 1991), pp. 208-209.
38. Joseph Chambers, *A Palace for the Antichrist: Saddam Hussein´s Drive to Rebuild Babylon and Its Place in Bible Prophecy* (Green Forest, AR: New Leaf Press, 1996), p. 66.
39. Ibid., p. 19.
40. Hal Lindsay, *The Late Great Planet Earth* (Grand Rapids: Zondervan Publishing House, 1970), p. 54.
41. *Biblia de Estudio Ryrie* (Grand Rapids: Editorial Portavoz, 1991).
42. Walvoord, *Armageddon*, p. 120.

Lecturas recomendadas

Benware, Paul N. *Understanding End Times Prophecy: A Comprehensive Approach*. Chicago: Moody Press, 1995.

Chambers, Joseph. *A Palace for the Antichrist: Saddam Hussein's Drive to Rebuild Babylon and Its Place in Bible Prophecy*, Green Forest, AR: New Leaf Press, 1996.

Dyer, Charles H. *The Rise of Babylon: Sign of the End Times*. Wheaton, IL: Tyndale House, 1991.

———. *World News and Bible Prophecy*. Wheaton, IL: Tyndale House, 1991.

Fruchtenbaum, Arnold G. *The Footsteps of the Messiah: A Study of the Sequence of Prophetic Events*. Tustin, CA: Ariel Press, 1982.

Hindson, Ed. *Final Signs: Amazing Prophecies of the End Times*. Eugene, OR: Harvest House, 1996.

Hitchcock, Mark. *After the Empire: Bible Prophecy in Light of the Fall of the Soviet Union*. Wheaton, IL: Tyndale House Publishers, 1994).

Hodges, Zane C. *Power to Make War: The Career of the Assyrian Who Will Rule the World*. Dallas: Redención Viva, 1995.

Hunt, Dave. *Cup of Trembling: Jerusalem and Bible Prophecy*. Eugene, OR: Harvest House, 1995.

———. *How Close Are We? Compelling Evidence for the Soon Return of Christ* Eugene, OR: Harvest House, 1993.

Ice, Thomas y Demy, Timothy. *Jerusalén en la profecía bíblica*. Serie «Profecía» Grand Rapids: Editorial Portavoz, 1997.

———. *2000 d.C. y la predicción de la venida de Cristo*. Grand Rapids, MI: Editorial Portavoz, 1997.

———. *El templo de los últimos días*, serie «Profecía» Grand Rapids: Editorial Portavoz, 1997.

———. *The Coming Cashless Society*. Eugene, OR: Harvest House, 1996.

Ice, Thomas y Randall Price, *Listos para reedificar: El plan inminente para la reedificación del templo de los últimos días*. Miami: Editorial Unilit, 1996.

LaHaye, Tim. *El principio del fin*. Wheaton, IL: Tyndale House Publishers, 1991.

LaLonde, Peter y LaLonde, Paul. *Racing Toward ... The Mark of The Beast*. Eugene, OR: Harvest House, 1994.

Lindsey, Hal. *The Late Great Planet Earth*. Grand Rapids: Zondervan Publishing House, 1970.

———. *Planet Earth–2000 A.D. Will Mankind Survive?* Palos Verdes, CA: Western Front, 1994.

———. *The Final Battle*. Palos Verdes, CA: Western Front, 1995.

Larsen, David L. *Jews, Gentiles, and the Church: A New Perspective on History and Prophecy*. Grand Rapids: Discovery House Publishers, 1995.

Missler, Chuck. *The Magog Invasion*. Palos Verdes, CA: Western Front, 1995.

Pentecost, J. Dwight. *Eventos del porvenir: Estudios de escatología bíblica* Deerfield: Editorial Vida, 1977.

———. *Prophecy For Today: The Middle East Crisis and the Future of the World*. Grand Rapids: Zondervan Publishing House, 1961.

Ryrie, Charles. *The Best Is Yet to Come*. Chicago: Moody Press, 1981.

Walvoord, John F. *Major Bible Prophecies: 37 Crucial Prophecies that Affect You Today*. Grand Rapids: Zondervan Publishing House, 1991.

———. *Armageddon, Oil and the Middle East Crisis*. Grand Rapids: Zondervan Publishing House, 1974, 1976, 1990.

———. *Israel in Prophecy*. Grand Rapids: Zondervan Publishing House, 1962.

———. *Prophecy: 14 Essential Keys to Understanding the Final Drama*. Nashville: Thomas Nelson, 1993.

———. *The Return of the Lord*. Grand Rapids: Zondervan Publishing House, 1955.

———. *The Prophecy Knowledge Handbook*. Wheaton, IL: Victor Books, 1990.